Ängstliche und traumatisierte Hunde erziehen und stärken

- Hundeerziehung Praxisbuch -

Wie Sie Angst und Stress bei Ihrem Hund erkennen, richtig deuten und einfühlsam behandeln

Inga Dahlmann

INHALT

Das erwartet Sie in diesem Buch

Viele Hunde, vor allem aus dem Tierschutz, durften in ihrem bisherigen Leben keine guten Erfahrungen machen, sie sind traumatisiert oder ängstlich. Dies zeigt sich oft durch verschiedene Verhaltensweisen in unterschiedlichen Situationen. So äußert ein Hund seine Angst durch Aggression an der Leine, wenn ihm beispielsweise ein anderer Hund zu nah kommt, ihm Fahrradfahrer oder Jogger begegnen oder ein Mensch, welcher den ängstlichen Hund streicheln möchte. Andere Hunde haben Angst vor Treppen, dem Allein-Bleiben oder lauten Geräuschen. Ängstliche Hunde versuchen zudem, Situationen zu entfliehen, und zeigen ihre Angst durch das Einziehen der Rute oder das Anlegen der Ohren. Manche Hunde leiden allerdings auch still und leise, da sie keinen anderen Ausweg mehr aus ihrer Angst finden können.

Haben Sie auch einen Hund, der Ihnen den Alltag erschwert? Fühlen Sie sich oft frustriert und wissen Sie nicht, wie Sie Ihren Hund unterstützen und ihm helfen können? Leiden Sie jedes Mal mit, sobald Ihr Hund ängstlich reagiert, und möchten Sie aktiv daran arbeiten, Ihnen und Ihrem Hund ein entspannteres Leben zu ermöglichen? Dann halten Sie gerade ein Buch in der Hand, welches Ihnen hilft, Ihren Hund, seine Ängste und sein Verhalten zu verstehen, um einen richtigen Umgang mit Ihrem Angsthund zu finden, damit Sie in Zukunft einen gelasseneren Alltag zusammen erleben dürfen.

Sie werden die Ursachen der Angst erkennen, die Körpersprache Ihres Hundes lesen lernen und seine Bedürfnisse besser wahrnehmen können, sodass Ihnen die Kommunikation mit Ihrem Hund leichter fallen wird. Insbesondere werden Sie allerdings erfahren, worauf Sie achten müssen und was Sie im Umgang mit Ihrem traumatisierten Hund vermeiden sollten, damit Sie Ihrem Hund den Mut und das Vertrauen Schritt für Schritt wiedergeben können.

Traumatisierte Hunde brauchen Zeit – oft mehr als wir ihnen geben können – aber mit sehr viel Geduld, Liebe, Unterstützung und Verständnis können Sie Ihrem Hund ein möglichst angstfreies Leben bieten.

Angst verstehen

WARUM SPÜRT IHR HUND ANGST?

Um die Angst Ihres Hundes verstehen zu können, schauen wir uns zunächst die ursprüngliche Funktion von Angst als Emotion an. Hunde, genau wie wir Menschen, spüren in ihrem Leben Angst, was bis zu einem gewissen Maß auch normal ist. Angst ist biologisch und evolutionär gesehen lebensnotwendig, um in gefährlichen Situationen zu überleben. Droht eine Gefahr, bei welcher es um Leben oder Tod geht, wird eine Reihe von Emotionen im Gehirn aktiv, die dafür sorgen, dass der Körper für alles bereit ist, um zu überleben. Das Herz bebt zum Beispiel schneller, um mehr Blut im Körper zu verteilen, damit die Muskeln auf Höchstleistung arbeiten können, falls man vor einer lebensbedrohlichen Gefahr fliehen muss.

Diese Prozesse sind Überbleibsel der Evolution – sie sind nicht nur bei uns Menschen zu beobachten, sondern auch der Hund hat diesen Überlebenskampf vom Wolf geerbt. Wer schneller fliehen konnte, hat überlebt – wer mit Angst und Vorsicht auf neue Situationen zuging, hat überlebt, falls sich die unbekannte Situation als Gefahr darstellte. Erkennen Sie nun, warum es zunächst logisch klingt, in der Natur Angst vor bestimmten Gegebenheiten zu haben? Sehen wir uns das Verhalten von Wölfen in einer gefährlichen Lage an, so kann man unter anderem zwei Überlebensstrategien observieren: die Flucht und den Kampf. Letzteres ist hier meist die zweite Wahl. Die Flucht als erster Lösungsweg kann man bei Wölfen am meisten feststellen. Ist der Wolf in seinem Raum beispielsweise eingeschränkt, so wählt er den Kampf beziehungsweise die Verteidigung. Diese Verhaltensweisen können Sie auch heute noch bei Hunden beobachten.

WAS IST ANGST?

Der Begriff Angst wird oft mit Furcht verwechselt. „In der Fachsprache der Psychologie und Philosophie wird zwischen Angst als unbegründet, nicht objektbezogen und Furcht als objektbezogen differenziert. In der Allgemeinsprache werden dagegen beide Bezeichnungen meist synonym verwendet [...]"[1]. So müsse man fachsprachlich die Angst vor anderen Artgenossen als Furcht bezeichnen. Sobald die Gefahr, der andere Hund, weg ist, wechselt der Körper des Hundes vom Angstzustand in einen normalen Zustand zurück. Furcht bezeichnet somit die Angst vor einem bestimmten Objekt in einer Situation. Wenn eine reale Gefahr nicht vorhanden ist, der Hund sich aber trotz dessen in einem gestressten und ängstlichen Dauerzustand befindet, spricht man dagegen von Angst. In diesem Buch werden Sie häufig den umgangssprachlichen Begriff Angst lesen, obwohl es sich in den meisten Fällen um Furcht handelt.

---

[1] https://www.duden.de/rechtschreibung/Angst

WAS PASSIERT IM KÖRPER, WENN DER HUND ANGST HAT?

Wie bereits erwähnt, soll die Emotion Angst den Körper auf eine Gefahr vorbereiten. Dabei werden Stresshormone wie Adrenalin oder Noradrenalin ausgeschüttet. Das Stresssystem befindet sich auf Höchstleistung, damit der Körper mit Flucht oder Kampf so schnell wie möglich reagieren kann. Da Noradrenalin ein Lernverstärker ist, spricht man bei Angstverhalten nicht ohne Grund von einem Teufelskreis. Springt Ihr Hund in die Leine und verbellt einen anderen Artgenossen, hatte er Erfolg und wiederholt seine Strategie – unsere Hunde sind bekanntlich Opportunisten. Sie machen das, was sich für sie am meisten lohnt.

ERLERNTE HILFLOSIGKEIT

Wenn man sich mit dem Thema Angst beschäftigt, trifft man unter anderem auch auf den Begriff „erlernte Hilflosigkeit". Ist ein Hund einem Angstauslöser über einem langen Zeitraum, ohne jegliche Möglichkeit diesem zu entkommen, ausgesetzt, so bleibt dem Hund nichts weiter übrig, als aufzugeben. „Erlernte Hilflosigkeit bezeichnet das Phänomen, dass Menschen und auch Tiere nach Erfahrungen der Hilflosigkeit oder Machtlosigkeit ihr Verhaltensrepertoire dahin gehend einengen, dass sie diese als unangenehm erlebten Zustände nicht mehr abstellen, obwohl sie es objektiv betrachtet könnten."[2]

Zeigt ein Hund seine Angst vor dem Allein-Bleiben beispielsweise durch Jaulen, Bellen, Zerstören oder Urinieren, sind dies vom Hund entwickelte Strategien, der Situation zu entkommen und Stress abzubauen. Wenn ein Hund während des Allein-Bleibens jault, versucht er mit dieser Methode, seinen Sozialpartner zurückzurufen. Wird der Hund nun über einen längeren Zeitraum mehrmals stundenlang allein gelassen und keine dieser Strategien hilft dem Hund aus seiner Lage, so gibt der Hund auf und erlebt eine Hilflosigkeit. Er hat aufgrund negativer Erfahrungen die Überzeugung entwickelt, dass er seine Situation mit seinen eigenen Fähigkeiten nicht mehr ändern kann. Man spricht von erlernter Hilflosigkeit.

---

[2] https://lexikon.stangl.eu/1293/erlernte-hilflosigkeit/comment-page-1?fdx_switcher=desktop

TRAUMA

Ängstliche Hunde sind oftmals traumatisiert. Man differenziert hier zwischen psychologischen und medizinischen Traumata. In der Medizin bedeutet ein Trauma die Verletzung eines Organismus durch eine äußere Gewalt. Spricht man von psychologischem Trauma, wurde ein Organismus durch ein schlimmes Ereignis, in welchem er einer Hilflosigkeit unter extremen psychischen Belastungen ausgesetzt war, traumatisiert.

URSACHEN DER ANGST

Traumatisierung

Die Ursachen, weswegen ein Hund ängstlich und traumatisiert ist, sind äußerst komplex und vielfältig. Ein Hund kann durch schlechte Erfahrungen traumatisiert werden. Wie zuvor beschrieben, handelt es sich hier um ein Ereignis, was einen gravierenden Einschnitt im Leben des Hundes macht. Wenn ein Welpe in seinen jungen Wochen von einem großen Hund angegriffen wurde, kann dies eine Traumatisierung sein, sodass der Welpe in Zukunft Angst vor anderen Artgenossen entwickelt. Ein Hund, welcher von einem Auto angefahren wurde, kann durch dieses Trauma panische Angst vor dem Straßenverkehr haben. Es gibt allerdings auch andere Aspekte, die dafür verantwortlich sein können, dass Ihr Hund ängstlich ist.

Sozialisierung

Insbesondere Hunde aus dem Tierschutz haben eine mangelnde Sozialisierung erfahren. Damit ein Hund gut sozialisiert ist, sollte man ihn in seinen ersten Wochen und Monaten positiv an seine Umwelt und deren Reize gewöhnen, damit er mit seinem Frauchen oder Herrchen ein entspanntes Leben führen darf. Dazu gehören zum Beispiel andere Menschen, Kinder, die Innenstadt, Tierarztbesuche, Verkehr, Alltagsgeräusche, andere Tiere und Hunde. Hier steht vor allem Ruhe und Gelassenheit im Vordergrund. Verbringt ein Welpe seine ersten Lebenswochen in Isolation und lernt keine Menschen oder andere Reize kennen, so kann es sein, dass er als erwachsener Hund an starken Angstproblemen leidet.

Der Begriff Deprivationssyndrom fällt in diesem Zusammenhang häufig. Aufgrund fehlender Sozialisierung kommt es zu einem Defizit in der Gehirnstruktur. Der Hund war als Welpe von der Umwelt isoliert und leidet nun an einer deprivationsbedingten Ängstlichkeit, was sich durch extremen Stress äußert, sobald er auf Umweltreize trifft. Diese Angst zeigt sich bei vielen Hunden durch aggressives Verhalten, um den Auslöser fernzuhalten.

Misshandlung

Eine weitere Ursache für die Angststörung Ihres Hundes können Misshandlungen sein. Es ist verständlich, dass Hunde, die von Menschen geschlagen oder getreten wurden, Angst vor uns haben. Misshandelte Hunde geraten häufig schon in Panik, wenn der Mensch ein Objekt, wie zum Beispiel einen Gürtel oder einen Schlüssel, in die Hand nimmt. Andere Hunde sind so traumatisiert, dass die bloße Anwesenheit eines Menschen reicht, damit der Hund die Flucht ergreift.

Erlernte Angst

Neben diesen Gründen für die Angstentwicklung Ihres Hundes können erlernte oder assoziierte Ängste auch dazu führen, dass sich Ihr Hund vor etwas fürchtet. Ein klassisches Beispiel für eine assoziierte Angst stellt der Maulkorb dar. Hat ein Hund Angst vor dem Tierarzt, reagiert vielleicht auch aggressiv während des Tierarztbesuchs, muss er bei Untersuchungen stets einen Maulkorb tragen. Da er den Maulkorb sonst allerdings nie trägt, assoziiert der Hund den Maulkorb mit seiner Angst vor dem Tierarzt und gerät bereits in einen Angstzustand, sobald er einen Maulkorb sieht. Er weiß, dass gleich ein Besuch beim Tierarzt ansteht. Durch Gegenkonditionierung kann erlernte Angst jedoch gut gelöst werden.

Genetik

Ferner kann ein Hund auch genetisch dazu veranlagt sein, ängstlich zu reagieren. Laut einer finnischen Studie trägt die Rasse einen großen Anteil zur Ängstlichkeit bei. Obwohl es unterschiedliche Faktoren gibt, die bei der Angst Ihres Hundes zusammenspielen, kann Genetik einen größeren Beitrag darstellen, als man vielleicht denkt. So waren 10,6 % der Zwergschnauzer gegenüber fremdem Menschen aggressiv, während nur 0,4 % der Labrador-Retriever ängstlich reagierten. Auch im Verhalten zeigten sich rassespezifische Muster. Border Collies zeigten zwanghaftes Starren und Fliegenschnappen, im Gegensatz dazu hatten Zwergschnauzer eher soziale Ängste, was sich durch Aggression anstelle von stereotypischen Verhalten bemerkbar machte.

Obwohl man bei erwachsenen Hunden nicht erkennen kann, ob sie teilweise genetisch bedingt ängstlich sind, kann man dies durch einen Wesenstest beim Welpen feststellen. Lässt man zum Beispiel einen Schlüsselbund fallen, erschreckt sich ein normaler Welpe kurz, erholt sich daraufhin aber schnell. Ein Welpe, welcher genetisch bedingt ängstlich ist, braucht sehr lange, um sich zu erholen, flüchtet sogar oder versteckt sich.

Krankheit und Schmerzen

Bevor Sie mit der Therapie Ihres ängstlichen Hundes beginnen, sollten Sie unbedingt vorher einen Besuch beim Tierarzt machen, welcher Ihr Tier gründlich untersucht. So wird abgeklärt, dass es sich bei der Angst Ihres Hundes nicht um eine durch Schmerzen oder Krankheit bedingte Furcht handelt. Häufig beeinflusst die Gesundheit Ihres Hundes sein Verhalten. Die Ernährung spielt hier eine sehr große Rolle. Serotoninmangel oder Vitaminmangelerscheinungen treten häufig bei unzureichender Nahrung oder Unterversorgung auf. Diese wirken auf das Wohlbefinden Ihres Hundes ein und können Faktoren sein, welche zu der Angst Ihres Hundes beitragen. Zudem haben andere Erkrankungen auch Einfluss auf das Verhalten Ihres Hundes. Hormonstörungen wie die Schilddrüsenunterfunktion führen dazu, dass Ihr Hund sehr schnell gestresst und gereizt ist. Physische Erkrankungen wie Tumore oder Gelenkbeschwerden können die Angst Ihres Hundes auch bedingen. Deswegen ist es ratsam, vor einer Angsttherapie einen gründlichen Check-up bei Ihrem Tierarzt durchzuführen.

Angst erkennen

Damit Sie erkennen können, wann sich Ihr Hund unwohl oder ängstlich fühlt, müssen Sie seine Körpersprache richtig lernen, lesen und deuten können. „Die Körpersprache Ihres Hundes zu lernen, ist ein Liebesbeweis, der Ihnen die Pforte zu besserem Verständnis und leichterer Kommunikation öffnet."[3] Bevor ein Hund eskaliert, zeigt er seine Angst bereits in

---

[3] Wilde, Nicole: Der ängstliche Hund, Stress, Unsicherheiten und Angst wirkungsvoll begegnen, Nerdlen: KYNOS VERLAG, 2008, S. 36.

vielen Vorstufen seiner Körpersprache. Hunde kommunizieren ununterbrochen über ihren Körper, meist reichen die kleinsten Anzeichen aus, um zu wissen, wie sich Ihr Hund fühlt. Oftmals sehen wir Menschen diese feinen Details der Sprache unserer Hunde nicht. Im folgenden Kapitel werden Sie lernen, wann Ihr Hund sich ängstlich fühlt und wie sich dies durch seine Körpersprache äußert.

WIE ZEIGT SICH ANGST BEI IHREM HUND?

Oftmals bemerken Hunde einen Angstauslöser viel früher als wir Menschen. Dies liegt an Ihrem ausgeprägten Gehör- und Geruchssinn, unter anderem jedoch an unserer geringen Achtsamkeit unserer Umwelt gegenüber. Stellen Sie sich vor, Sie gehen in einem sehr ruhigen, reizarmen Gebiet mit Ihrem Hund spazieren und wie aus dem Nichts hängt Ihr Hund in der Leine und bellt. Sie schauen sich um und fragen sich, warum Ihr Hund sich so verhält. Nach einigen Sekunden fällt Ihnen in zehn Metern Entfernung eine wehende Plastiktüte auf dem Gehweg auf. Ihrem Hund scheint dies sofort aufgefallen zu sein, während Sie es erst bemerkt haben, als Ihr Hund bereits eskaliert ist. Ihr Hund zeigte durch seine Körpersprache allerdings schon viel früher seine Angst vor der Tüte. Deswegen ist es besonders wichtig, die Körpersprache Ihres Hundes zu kennen, um früh eingreifen zu können, damit Sie die Verhaltenskette bis zur Eskalation unterbrechen können. Im folgenden Abschnitt differenzieren wir zwischen Anzeichen und Körpersprache eines ängstlichen Hundes.

Anzeichen

Anzeichen können verbal und nonverbal sein. Hörbare Anzeichen von Angst sind zum Beispiel Jaulen, Bellen, Knurren, Winseln oder Schreien. Gähnen, starke oder verringerte Speichelproduktion, Zittern, Hin- und Herlaufen, erweiterte Pupillen und schnelles beziehungsweise langsames Blinzeln können auch die Angst Ihres Hundes ankündigen. Darüber hinaus sind Schweißpfoten, Fellausfall, flache Atmung, langsame Bewegungen, Keuchen, Schütteln, Schuppen, Unruhe und Hyperaktivität Anhaltspunkte, um zu erkennen, dass sich Ihr Hund unwohl fühlt oder sich vor etwas fürchtet. Manche Angsthunde suchen aktiv die Nähe ihres Besitzers und lehnen sich fest an sie. Wiederum gibt es Hunde, die sehr aufmerksam ihr Umfeld beobachten, nach Angstauslösern suchen und nicht mehr ansprechbar sind.

Ferner kann man bei einigen ängstlichen oder traumatisierten Hunden stereotypisches Verhalten beobachten. Stereotypie ist eine stressbedingte Handlung, welche sich dauernd fortsetzt. „Hunde, die ständig ängstlich sind, können repetitives Verhalten, wie beispielsweise Lecken der Pfoten oder das Kauen auf anderen Körperteilen, entwickeln." [4] Falls Ihr Hund ein ähnliches Verhalten zeigt, leidet er eventuell an einer Stereotypie oder sogar an einer Zwangsstörung. Beobachten Sie Ihren Hund, wenn er auf einen Angstauslöser trifft. Meist zeigen sich schon ab einer großen Distanz zum Trigger eines oder mehrere dieser Anzeichen. Können Sie bereits welche erkennen, stehen die Chancen gut, dass Sie Ihren Hund in der Situation frühzeitig unterstützen und einer Eskalation entgegenwirken können.

---

[4] S.36

Körpersprache

Sobald sich die ersten Anzeichen beim Hund bemerkbar machen, verändern sich schnell auch seine Körpersprache und seine Haltung. Einen ängstlichen Hund können Sie leicht an einer eingezogenen Rute und flach angelegten Ohren ausmachen. Hier können Sie auch den Angstgrad Ihres Hundes ermessen. Hat er nur ein Ohr nach hinten geklappt oder ist die Rute nur halb gesenkt, ist Ihr Hund meist noch ansprechbar und hat den Angstreiz noch nicht als Gefahr oder Bedrohung eingestuft. Fühlt sich Ihr Hund hingegen bedroht und hat ausgesprochen starke Angst, zieht er seine Rute komplett ein und hat beide Ohren sehr eng angelegt.

Finden Sie heraus, wie die Körpersprache Ihres Hundes aussieht, wenn er entspannt ist. So können Sie leichter erkennen, wie sich seine Haltung verändert, wenn er Angst hat. Die Bewegung der Rute gibt gleichfalls preis, wie die Gefühlslage Ihres Hundes ist. Ein wackelnder Schwanz bedeutet nicht immer, dass Ihr Hund glücklich ist und sich wohlfühlt. Vor allem, wenn die Rute tiefer wackelt, kann dies eine Andeutung sein, dass Ihr Hund unsicher ist und nicht weiß, was er machen soll. Im Übrigen definiert man ängstliche Hunde an länglichen, kleinen Augen und hochgezogenen Augenbrauen. Die Pupillen sind aufgerissen, teilweise sieht man auch das Weiße in den Augen. Das Maul schließt sich, sobald ein Hund Angst spürt. Einige Hunde heben auch die Lefzen an oder ziehen die Mundwinkel nach hinten. Obwohl gesträubte Nackenhaare häufig ein Indiz für Aggression sind, kann es sich hier auch um Furcht handeln.

Viele Hundehalter denken zunächst, ihr Hund sei aggressiv, obwohl einige Verhaltensmuster und Anzeichen der Aggression auf Angst beruhen. Die Körperhaltung eines ängstlichen Hundes ist nach hinten gewichtet, er duckt sich und wird kleiner. Ein aggressiver Hund legt sein Körpergewicht hingegen nach vorn, hebt seine Ohren und seine Rute an und fixiert den Reiz. Sie sollten im Hinterkopf behalten, dass Aggression in vielen Fällen auf Angst beruht, weil der verängstigte Hund leider lernen musste, dass Angriff und Verteidigung die beste Methode ist.

WIE BEEINFLUSST ANGST DAS VERHALTEN IHRES HUNDES?

Wie Sie bereits zu Beginn lernen durften, reagieren Wölfe mit der Kampf-oder-Flucht-Reaktion auf einen Angstreiz. Man kann diese Konfliktlösungen, auch genannt „4 Fs", bei Hunden heutzutage in vier Kategorien einordnen: Die ersten beiden Strategien stellen den Angriff, beziehungsweise den Kampf (Fight) und als zweite Möglichkeit die Flucht (Flight) dar. Die dritte Kategorie ist die Schreckensstarre oder Ohnmacht (Freeze/Faint), während es sich bei der letzten Konfliktstrategie um die Beschwichtigungsgesten (Fiddle) handelt. Letzteres nehmen Hundebesitzer oft als Herumalbern wahr, obwohl die Funktion bei diesem Verhalten der Abbau einer für den Hund gefährlichen Situation ist. Schnüffeln, Hüpfen oder Wackeln sind in diesem Zusammenhang deeskalierende Handlungen, um dem anderen Hund klarzumachen, dass er nicht bedrohlich ist, in der Hoffnung, dass sich die Situation auflöst. Beschwichtigungssignale sollen somit dem Gegenüber vermitteln, dass man selbst keine Gefahr darstellt. Hunde nutzen diese Signale außerdem, um auszudrücken, dass sie sich unwohl fühlen.

Oft missverstanden ist hier das Gähnen. Obwohl es ein Anzeichen von Müdigkeit ist, ist es auch ein Ausdruck von Stress, Ängstlichkeit oder Unterwerfung. Viele Hunde kratzen und schnüffeln auch nicht immer, weil es gerade plötzlich juckt oder weil es an einer Stelle gut riecht. Diese Signale können auch zur Beschwichtigung dienen und bedeuten, dass Ihr Hund eine Pause braucht oder sich unbehaglich fühlt. Das Lecken der eigenen Lefzen ist ebenfalls ein Hinweis für das Unwohlsein. Dabei leckt sich der Hund mit seiner Zunge über die Schnauze. Häufig können Sie dieses Verhalten beobachten, wenn jemand Ihren Hund streichelt und ihm dies zu viel ist.

Ein sehr auffälliges Beschwichtigungssignal ist das Abwenden oder Wegschauen. Direktes Anstarren oder Fixieren signalisiert unter Hunden Gefahr. Deswegen ist es nachvollziehbar, dass sich ein ängstlicher Hund oft von bedrohlichen Reizen abwendet, um zu zeigen, dass von ihm keine Gefahr ausgeht. Achten Sie auf die Situationen, in welcher Ihr Hund die soeben aufgezählten Signale zeigt. So können Sie herausfinden, was Ihrem

Hund Angst einflößt. Entsprechend können Sie frühzeitig Situationen vermeiden, die Ihrem Hund so viel Stress und Angst bereiten, dass er die Verteidigung, den Kampf (Fight) der vier Fs als Lösungsstrategie anwenden muss. Belohnen Sie hingegen Vorstufen wie Beschwichtigungssignale. Diese helfen Ihrem Hund, den Stresspegel zu senken und andere Lösungswege als den Angriff zu wählen.

Ihr Hund hört nie auf zu kommunizieren – er macht es nur in einer anderen Sprache. Lernen Sie diese kennen, können Sie Ihren Hund unterstützen, seine Bedürfnisse verstehen und an der Ursache der Angst arbeiten. Ihr Hund wird anfangen, Ihnen zu vertrauen, da er weiß, dass Sie ihn und seine Gefühle nachvollziehen und für ihn gute Entscheidungen treffen.

ERMITTLUNG DER ANGSTAUSLÖSER

Sobald Sie die Körpersprache Ihres Hundes kennen, können Sie sehr gut auch die Angstauslöser herausfiltern. Jedoch reicht dies allein nicht aus, um genau zu wissen, wovor sich Ihr Hund unwohl fühlt. Hat er zum Beispiel Angst vor anderen Menschen, ist dies zunächst eine sehr allgemeine Aussage und bedarf noch mehr Feingefühl. Bei Angstreizen spielen viele Faktoren zusammen. So kann ein Hund nur Angst vor Männern haben, vor Frauen allerdings nicht. Vielleicht ist auch ein Kleidungsstück wie ein schwarzer Hut, ein Regenschirm, ein Eimer, eine Sonnenbrille oder ein Gehstock der Auslöser. Im Folgenden lernen Sie einige Auslöser kennen, damit Sie sich ein Bild schaffen können, welche Reize für Ihren Hund angsteinflößend sein können. Hilfreich ist es, eine Tabelle zu erstellen, in welcher Sie mögliche Trigger auflisten. Sie können auch hinzufügen, wie Ihr Hund körpersprachlich auf diese reagiert und was ihm hilft, durch die Situation zu kommen.

Laut der finnischen Studie „Prävalenz, Komorbidität und Rassenunterschiede in Angsthunden bei 13.700 finnischen Haushunden" leiden 32 % der Hunde an Lärmempfindlichkeit, womit die Angst vor Geräuschen am meisten unter den Hunden verbreitet ist. Da es unzählige Geräusche in unserer Umwelt gibt, werden hier nur die häufigsten Auslöser genannt. Dazu gehören Gewitter, Autos/Lkw/Anhänger, Feuerwerk, Klopfen,

Klingeln, unerwartete Geräusche, wenn zum Beispiel etwas herunterfällt, Schlüssel, Pieptöne, Sirenen, rollende Mülltonnen, Einkaufswagen, das Schließen von Autotüren sowie der Tonfall von Menschen, wenn sie beispielsweise streiten, schreien, lachen oder rufen.

Hunde können auch auf bestimmte Bewegungen ängstlich reagieren. Diese können sowohl schnell als auch langsam erfolgen. Ihr Hund kann sich somit vor einer langsam bewegenden Hand fürchten, vor plötzlichen Bewegungen wie dem Aufstehen einer Person oder dem Aufschwingen einer Tür. Viele Hunde haben auch Angst vor schnellen Reizbewegungen wie Skateboard- oder Fahrradfahrern. Merkwürdige Gangarten anderer Menschen, wie zum Beispiel Schlurfen oder Aufstampfen, verunsichert manche Hunde ebenfalls. Licht und Schatten sind auch Bewegungen, die als Angstauslöser hervorgehen können.

Laut der finnischen Studie haben ca. 17 % der Haushunde Angst vor ihren Artgenossen. Ihr Hund kann vor jedem Hund Angst haben, allerdings differenzieren viele Angsthunde zwischen anderen Hunden, die für sie eine Gefahr darstellen. Das Geschlecht, die Größe, Farbe und

Rassemerkmale spielen bei der Einstufung häufig eine Rolle. Einige Hunde haben auch Angst vor Artgenossen einer bestimmten Farbe oder mit speziellen Ohren wie zum Beispiel Hänge-, Steh- oder kupierten Ohren. Häufig können Hunde Artgenossen mit einer kupierten Rute nicht einschätzen und sind verunsichert, da dieser Hund nicht über seinen Schwanz Signale senden und kommunizieren kann. Zudem kann es auch von Bedeutung sein, ob der andere Hund kastriert oder nicht kastriert ist.

Einer der größten Faktoren in Hundebegegnungen ist die Leine als Angstauslöser. Einige Hunde fühlen sich in ihrer Körpersprache und in ihrem Raum eingeschränkt und entwickeln eine Leinenaggression gegenüber anderen Hunden. Genauso können frei laufende Hunde ihrem Hund Angst einflößen, während angeleinte Hunde keine besondere Bedrohung für ihn sind. Während der Interaktion kann sich Ihr Hund auch bedrängt fühlen und Anzeichen von Angst haben. Schnüffeln am Hinterteil, starren, Annäherung von hinten oder ein auf Ihren Hund frontal zu rennender Artgenosse nehmen Angsthunde als unangenehm oder als eine Gefahr wahr.

Genauso wie Angsthunde bei ihren Artgenossen die Einstufung der Bedrohung differenzieren können, ist dies häufig auch bei Menschen der Fall. Das Geschlecht, das Alter, die Hautfarbe und der Körperbau können Angstauslöser für Ihren Hund sein. Vielleicht wurde Ihr Hund von einem Menschen mit dickem Körperbau misshandelt, weswegen er sich nur vor diesen Menschen fürchtet. Oft haben Hunde schlechte Erfahrungen mit Kindern gemacht oder wurden sogar traumatisiert, weswegen das Alter auch von großer Bedeutung sein kann. Darüber hinaus zeigen diverse Hunde ängstliche Reaktionen gegenüber bestimmten Personen wie dem Postboten, dem Lieferanten, dem Tierarzt oder Gärtner. Fremde Menschen bedeuten für traumatisierte Hunde allgemein Stress und Angst. Sie können Ihren Hund nicht einschätzen und beachten seine Körpersprache nicht. Sich über den Hund zu beugen, direkte Annäherung und Anstarren sowie das Ausstrecken der Hand wirken für Hunde bedrohlich.

Wurde ein Hund vorher oft mit den Füßen getreten, kann er allein schon von einer leichten Bewegung Ihres Fußes in Panik geraten. Ängstliche oder traumatisierte Hunde lassen sich ungern anfassen, insbesondere, wenn die Berührung von oben oder überraschend kommt. Ihr Hund kann auch Angst vor Berührungen bestimmter Körperteile sowie beim Hochheben oder Festhalten haben. Manche Hunde haben zum Beispiel Angst, wenn man Ihre Krallen anfasst, da Sie dies mit dem Schneiden der Krallen in Verbindung bringen können. Genauso kann das Bürsten Ihrem Hund Angst machen. Es gibt unendlich viele Reize und Situationen, die Ihrem Hund Angst machen können. Wichtig ist es, den genauen Auslöser zu ermitteln, damit man gezielt an der Ursache der Angst arbeiten kann. Dafür müssen Sie alle Faktoren der Umwelt während einer Angstreaktion bedenken. Die kleinsten Details können dabei Aufschluss geben, warum sich Ihr Hund so verhält. Damit das Training und die Therapie Erfolg bringen, muss der Auslöser richtig identifiziert werden. Haben Sie Ihren Hund ausführlich beobachtet und studiert, können Sie mit dem Training starten und den richtigen Umgang mit Ihrem Angsthund finden.

Mit Angst richtig umgehen

Nun haben Sie gelernt, wie Sie die Körpersprache und das Verhalten Ihres Hundes lesen und lernen können, um seine Angstauslöser zu ermitteln. Im Folgenden werden Sie erfahren, wie Sie mit Ihrem Angsthund richtig umgehen und wie Sie seine Angst behandeln können. Bedenken Sie jedoch, dass jeder Hund individuell ist und abhängig vom Grad der Ängstlichkeit Ihres Hundes sollten Sie einen professionellen Hundetrainer aufsuchen.

WIE LERNT MEIN HUND?

Damit Sie verstehen und nachvollziehen können, was Sie im Umgang mit Ihrem Hund vermeiden und fördern sollten, müssen Sie zunächst wissen, wie Ihr Hund lernt. Wie Sie bereits wissen, assoziieren und verknüpfen unsere Hunde Signale und Situationen ununterbrochen. Hunde lernen immer – deswegen ist es besonders wichtig, dass Sie wissen, wie dies erfolgt, um an seiner Angst zu arbeiten. Ihr Hund hat irgendwann gelernt, dass ein bestimmter Reiz oder ein Signal für ihn eine Bedrohung bedeutet. Damit Sie diesen Reiz neu und positiv verknüpfen können, sollten Sie vorab wissen, wie Hunde Assoziationen herstellen.

Klassische Konditionierung
Das Erlernen eines Reizes in der Lernpsychologie ist die „klassische Konditionierung". Ein Reiz, welcher vorher neutral war, erhält für Ihren Hund nun eine Bedeutung. Diese Bedeutung kann positiv oder negativ sein und somit verschiedene Emotionen auslösen. Bei einer Konditionierung handelt es sich somit um ein Reiz-Reaktions-Muster. Alle Signale, die Sie Ihrem Hund beibringen,

wurden konditioniert. Ihre Türklingel ist auch ein wunderbares Beispiel für die klassische Konditionierung – Ihr Hund hat gelernt, dass sie Besuch ankündigt, was möglicherweise Stress bedeutet. Er assoziiert die Klingel also mit negativen Gefühlen. Ein Hund bellt schließlich nicht ohne Grund, wenn es klingelt.

Operante Konditionierung
Neben der klassischen Konditionierung gibt es außerdem die operante Konditionierung: das Lernen durch Versuch und Irrtum. Ein Hund zeigt ein Verhalten, dessen Konsequenzen darüber entscheiden, ob er das Verhalten wiederholt oder nicht. Ein Verhalten, das gute Konsequenzen hat, wird in Zukunft häufiger gezeigt. Folgen unschöne Konsequenzen auf ein Verhalten des Hundes, wird er dieses weniger ausführen. Man kann die operante Konditionierung auch in vier Quadranten einteilen:

1. *Positive Verstärkung* bedeutet, dass etwas *Angenehmes hinzugefügt* wird. Ein Verhalten, das positiv verstärkt wird, zeigt sich häufiger. Bei Ihrem Hund wird somit die Emotion Freude ausgelöst.

Belohne ich zum Beispiel das ruhige Gucken zu einem Angstauslöser, verstärke ich dieses Verhalten und der Hund wird es zukünftig häufiger oder länger zeigen. Wichtig ist, dass Ihr Hund die Belohnung auch als Verstärker empfindet. Manche Hunde mögen zum Beispiel ein Spielzeug lieber als Futter. Andere Hunde finden Schnüffeln als Belohnung wiederum erstrebenswert.

2. Die *positive Strafe* beschreibt das *Hinzufügen* von etwas *Unangenehmen*. Daraufhin wird ein Meideverhalten etabliert. Der Hund zeigt das Verhalten, welches bestraft wird, weniger. Dabei wird die Emotion Furcht oder Angst ausgelöst. Stellen Sie sich vor, Sie bespritzen Ihren Hund jedes Mal mit Wasser, wenn er andere Hunde verbellt. Ihr Hund wird in Zukunft dieses Verhalten reduzieren und weniger bellen, da er Angst vor der Konsequenz „nass werden" hat. Warum dieser Teil der operanten Konditionierung problematisch ist und warum Sie unbedingt im Umgang mit Ihrem Hund darauf verzichten sollten, erfahren Sie im nächsten Kapitel.

3. Unter der *negativen Verstärkung* versteht man, dass etwas *Unangenehmes entfernt* wird. Es entsteht die Emotion Erleichterung und das

Verhalten wird häufiger gezeigt. Bringen Sie Ihrem Hund das Signal Sitz bei, indem Sie so lange auf den Hundehintern drücken, bis er sich hinsetzt, lernt Ihr Hund, dass sich das Verhalten „Hinsetzen" lohnt, da das Unangenehme, hier der Druck auf den Hintern, mit dem erwünschten Verhalten, das „Hinsetzen", aufhört. Die negative Verstärkung findet unter anderem bei Ihrem ängstlichen Hund statt, wenn er an der Leine aus Angst einen anderen Hund verbellt und damit Erfolg hat. Er lernt, dass durch das Verhalten „verbellen" der unangenehme Reiz „Hund" verschwindet. Ihr Hund ist daraufhin erleichtert und wird zukünftig dieses Verhalten häufiger zeigen.

4. Die *negative Strafe* stellt den letzten Quadranten der operanten Konditionierung dar. Hier wird, im Gegensatz zur negativen Verstärkung, etwas *Angenehmes entfernt*, woraufhin das Verhalten weniger gezeigt wird. Ihr Hund fühlt sich frustriert. Ein Beispiel für die negative Strafe ist das Hochspringen an Menschen, wenn Sie Ihren Hund daraufhin ignorieren oder sich wegdrehen. Indem Sie Ihrem Hund keine Aufmerksamkeit schenken und somit die angenehme Konsequenz entfernen, wird er das

Verhalten, an anderen Menschen hochzuspringen, weniger zeigen, da es sich nicht lohnt.

DAS SOLLTEN SIE VERMEIDEN

Einer der wichtigsten Aspekte, die Sie im Umgang und im Training mit Ihrem Hund vermeiden sollten, ist das Auslösen eines Angstzustandes. Sie sollten möglichst unter der Reaktionsschwelle Ihres Hundes arbeiten. Sobald Ihr Hund ängstlich reagiert, ist er nicht mehr im denkenden Bereich seines Gehirns. Er ist schlichtweg zu gestresst und verängstigt, um nachhaltig lernen zu können. Außerdem festigen sich seine Angst und sein Verhalten jedes Mal, wenn er hilflos einem Angstauslöser ausgesetzt ist. Achten Sie auf die Distanz, auf welcher sich Ihr Hund dem Auslöser gegenüber noch einigermaßen ruhig verhält und trainieren Sie mit Ihrem Hund in diesem Abstand. Das stellt die Grundvoraussetzung für das Training und die Angsttherapie dar. In diesem Kapitel werden Sie erfahren, worauf Sie noch im Umgang mit Ihrem ängstlichen Hund verzichten sollten.

Strafe und Gewalt

Wenn Sie einen ängstlichen oder traumatisierten Hund haben, sollten Sie unbedingt Strafe im Umgang mit Ihrem Hund vermeiden. Viele Hunde sind gerade aus diesem Grund verängstigt. Sie mussten Schlimmes erfahren und wurden traumatisiert. Zudem gibt es sehr viele Gesichtspunkte, die gegen den Einsatz von Strafe sprechen. Bleiben wir bei dem Beispiel, dass sich Ihr Hund vor anderen Artgenossen fürchtet. Sobald er einen Hund sieht, springt er in die Leine und bellt. Sie könnten dieses Verhalten nun mit einer Wasserflasche, diversen Schreckreizen, einem Ruck an der Leine oder durch körperliches Blocken bestrafen. Zunächst hört Ihr Hund sehr wahrscheinlich auf zu bellen. Aber hat die Strafe seine Gefühlslage verbessert? Mit Strafe hemmen Sie lediglich die Symptome einer Ursache, die viel tiefer liegt. Sie haben nur an der Oberfläche, an dem, was wir sehen und als unangenehm empfinden, gekratzt. Sie haben vielleicht Ihr eigenes Problem gelöst – nicht aber das Problem Ihres Hundes. Ihr Hund hat immer noch fruchtbare Angst vor anderen Hunden und nun auch vor seinem eigenen Besitzer, da er die Situation für ihn noch schlimmer gemacht hat.

Es könnte auch sein, dass Ihr Hund andere Artgenossen zukünftig noch bedrohlicher findet als so schon, da er das Auftreten von anderen Hunden mit Ihrer Strafe, welche negative Emotionen bei Ihrem Hund auslöst, verknüpft. Genau das ist die Gefahr von Strafe: Es ist fast unmöglich, sie genau durchzuführen, sodass Ihr Hund die Strafe richtig verknüpft. Zudem haben Sie zuvor gelernt, dass sich ein unerwünschtes Verhalten durch Wiederholungen und Erfolg festigt. Um Ihren Hund für das unerwünschte Verhalten zu bestrafen, muss er dieses erst ausführen, wodurch das Verhalten jedes Mal etabliert wird.

Unerwünschtes Verhalten wird auch oft als „Fehlverhalten" betitelt. Allerdings handelt es sich hier nur um ein aus unserer Sicht falsches Verhalten, welches für den Hund aber meist die beste Lösung ist, um die Situation zu meistern. Ihr Hund würde das Fehlverhalten selbst nie infrage stellen, denn er verhält sich in seinen Augen vollkommen richtig. Hunde differenzieren nicht zwischen richtig und falsch: Sie machen das, was sich für sie lohnt. Wenn Ihr Hund einen anderen Hund aus Angst verbellt, dieser daraufhin verschwindet, dann hat sich das „Fehlverhalten" für Ihren Hund gelohnt. Er empfindet es nicht als falsch, es ist eine Strategie, um die Situation zu lösen. Erinnern Sie sich an die Flucht-oder-Kampf-Reaktion des Wolfes? Dann können Sie sehr gut nachvollziehen, warum Ihr Hund unerwünschtes Verhalten gegenüber Angstauslösern zeigt. Ihm bleibt schließlich keine andere Wahl, als zu flüchten. Wenn dies nicht möglich ist, weil Ihr Hund beispielsweise angeleint ist, ist sein zweiter Lösungsweg der Angriff nach vorn. Haben Sie diese Thematik verstanden, erschließt sich die Tatsache, dass Strafe nur die Symptome der Ursache behebt, nicht aber das eigentliche Problem.

Möchten Sie Ihrem Hund helfen, seine Ängste zu bewältigen und seine Emotionen gegenüber Auslösern umzulenken, sollten Sie wissen, dass dies womöglich lange dauern wird. Sie müssen Vertrauen aufbauen, die Bedürfnisse Ihres Hundes und seine Körpersprache kennen, damit Ihr Hund weiß, dass er sich auf Sie und Ihre Entscheidungen verlassen kann. All diese Dinge können Sie mit Strafe nicht erreichen. Es ist wissenschaftlich erwiesen, dass positive Verstärkung und der Verzicht auf Strafe langfristig der effektivste Weg im Umgang mit Ihrem Hund sind.

Flooding

Haben Sie schon mal gut gemeinte Ratschläge wie „Das muss der lernen!" oder „Da muss er durch!" bezüglich der Angst Ihres Hundes gehört? Wenn Sie mit Ihrem ängstlichen Hund unterwegs sind, haben Sie diese oder ähnliche Tipps von anderen Menschen sicher schon bekommen. Allerdings sollten Sie bei Ratschlägen dieser Art besonders vorsichtig sein. Diese Gedankengänge implizieren eine Art der Angsttherapie, von der Sie sich lieber fernhalten sollten. Flooding, Englisch für Überflutung, bedeutet, dass der Hund einem Angstauslöser so lange ausgesetzt wird, bis er vor Erschöpfung aufgibt und scheinbar keine Angst mehr vor dem Auslöser hat. Ziel dieser Therapie ist, dass der Hund nach der Durchführung des Floodings merkt, dass der Angstauslöser gar nicht so schlimm ist, wie er scheint. Diese Form der Therapie ist selbst beim Menschen umstritten und sollte vor allem nicht bei Tieren angewendet werden. Flooding darf nur nach ausdrücklichem Verständnis der betroffenen Person als Angsttherapie durchgeführt werden. Sie sollten Flooding bei Ihrem Hund nicht ausprobieren, denn die Folgen können verheerend sein: Das Vertrauen in den

Besitzer wird zerstört, es entsteht erlernte Hilflosigkeit, Ihr Hund fühlt Todesangst und seine
Angststörung verschlimmert sich, ganz abgesehen
von den gesundheitlichen Schäden, die aus dem
ganzen Stress entstehen können.

Stellen Sie sich vor, dass Ihr Hund panische
Angst vor dem Straßenverkehr hat. Sie könnten
sich mit Ihrem aus purer Angst schreienden Hund
nun an die Straße setzen und so lange warten, bis
er vollkommen erschöpft ist und kein Verhalten
mehr zeigt. Ihr Hund trägt allerdings extreme psy-
chische Schäden von diesem Erlebnis davon. Alle
Strategien, der Situation zu entkommen, funktio-
nieren nicht. Wenn er dann Hilfe bei seinem Sozialpartner sucht, stößt er nicht wie erhofft auf Unterstützung und Verständnis, sondern auf Ignoranz. Sehen Sie, wie hilflos, verloren und verängstigt sich Ihr Hund beim Flooding fühlen muss? Sobald Ihr Hund beim nächsten Mal auf Straßenverkehr stößt, ist die Wahrscheinlichkeit sehr hoch,
dass er dieses erlebte Trauma mit dem Auslöser
verknüpft und seine Angst gegenüber dem Verkehr noch größer und die Wunde noch tiefer ge-
worden ist. Haben Sie Angst vor Spinnen? Stellen
Sie sich vor, Ihr engster Sozialpartner steckt Sie

ohne Einwilligung in einen Raum voller Spinnen, und würde Sie erst herausholen, wenn Sie völlig erschöpft und hilflos am Boden liegen. Das Vertrauen wäre gebrochen und Ihre Angst vor Spinnen wäre nach diesem traumatischen Erlebnis wahrscheinlich auch nicht geheilt. Behandeln Sie Ihren Hund so, wie Sie selbst auch behandelt werden möchten, und stellen Sie sich stets die Frage: „Möchte ich gern mein eigener Hund sein?"

Dominanzglaube

Neben diversen anderen Ratschlägen haben Sie bestimmt auch mal Sätze wie „Sie müssen Ihrem Hund zeigen, wer der Chef ist!" oder „Sie müssen die Rangordnung erst einmal klären!" gehört. In der Hundewelt hält sich der Glaube an die Dominanztheorie immer noch – obwohl sie bereits von ihrem eigenen Erfinder widerlegt wurde. Vor allem bei schwierigen Hunden spricht man oft davon, dass sie ihrem Menschen, dem „Rudelführer", nicht untergeordnet sind und deswegen kein harmonisches Miteinander möglich sei. Der Hund versuche stets, zum „Alphahund" oder „Leithund" zu werden und seinen Menschen zu dominieren, um in der Rangordnung die höchste Stellung einzunehmen. Hundebesitzern werden hier gewalttätige Techniken und Methoden empfohlen, womit sie ihre Autorität verdeutlichen und den Hund durch Einschüchterung unterordnen sollen. Unabhängig davon, ob Sie einen ängstlichen Hund haben oder nicht, sollten Sie von dieser Thematik unbedingt Abstand halten. Diese Gedankengänge schaden Ihrer Beziehung mit Ihrem Hund und sind schlichtweg falsche Sichtweisen, die wissenschaftlich widerlegbar sind. Hundetrainerinnen und Hundetrainer, welche diese Praktiken ausüben, nutzen das Konstrukt der „Dominanz" als Rechtfertigung, gewaltsame Trainingstechniken anzuwenden. Im Folgenden erfahren Sie, warum es sich bei der Dominanztheorie nicht um Fakten, sondern um eine Meinung handelt, und warum Sie auf diese Methoden im Umgang mit Ihrem Hund verzichten sollten.

Ursprünglich wurde der Begriff Dominanz in den 1920er-Jahren bekannt. Der norwegische Forscher Schjelderup-Ebbe observierte die Beziehungen und das Sozialverhalten zwischen Hühnern. Die Konkurrenz um Futter soll hier in einem bestimmten System geschehen: Das höchstgestellte

Huhn in der Rangordnung hackte alle anderen Hühner weg, das nächsthöhere Huhn alle anderen, außer dem Höchsten, und so weiter. Diese Rangordnung wurde im Lauf der Zeit auch auf andere Lebewesen übertragen, wie zum Beispiel die Rangordnung bei Wölfen und letztendlich auch Hunden. Die Dominanztheorie bei Wölfen beruht auf Beobachtungen an nicht verwandten Wölfen in Gefangenschaft. Hier können Sie bereits die Problematik dieser Studie erkennen: Wölfe in Gefangenschaft sind eingeschränkt und verhalten sich anders als in freier Wildbahn. Laut den neusten Erkenntnissen leben Wölfe in freier Natur nicht in einem streng hierarchischen Rudel. Sie leben in einer Sozialstruktur, die Ähnlichkeiten mit einem Familienverband hat. Das bedeutet, dass Wölfe in einem Rudel nicht permanent miteinander um die höchste Rangordnung konkurrieren und versuchen, der „Alphawolf" zu werden.

Es ist wahr, dass Dominanz an Ressourcen geknüpft ist und somit keine Eigenschaft darstellt. Ein Tier kann sich gegenüber Artgenosse A dominant verhalten. Trifft es nun auf Artgenossen B, kann es sein, dass sich das Tier gegenüber Artgenosse B nicht dominant verhält, obwohl er im

Umgang mit Artgenosse A die Ressource für sich beanspruchen würde und sich somit dominant verhalten würde. Dominanz ist also keine Charaktereigenschaft, sondern ein Verhalten. Dieses Verhalten kann nur innerhalb einer Art stattfinden. Unsere Hunde können uns somit gar nicht dominieren, da wir Menschen sind und nicht zur Art „Hund" gehören. Wir bilden mit unseren Hunden also kein Rudel – wir befinden uns in einer sozialen Gruppe. Somit ist die Dominanztheorie wissenschaftlich widerlegbar.

Dennoch rechtfertigen viele Hundetrainerinnern und Hundetrainer heute noch ihre Methoden mit dem Dominanzglauben und durchlaufen sogenannte „Rangreduktionsprogramme", um Ihre Stellung als Rudelführer zu festigen. Der Hund darf somit erst nach dem Rudelführer fressen, denn der „Alpha" hat immer als erster Zugriff auf Ressourcen. Er muss stets Platz machen, wenn Sie als Rudelführer durch den Raum laufen. Sie müssen als Erster durch die Tür gehen, Ihr Hund sollte immer an zweiter Stelle stehen. Ihr Hund darf nie das Spiel selbst beenden.

Wenn der Hund versucht, „dominant" zu sein, reagiert der Hundebesitzer mit einem Kneifen der

Lefzen, einem Biss ins Ohr oder im schlimmsten Fall mit dem Alpha-Wurf. Beim Alpha-Wurf wird der Hund ruckartig auf den Rücken gedreht, was angeblich eine Art der Machtdemonstration zwischen Wölfen sein soll. Jedoch liegt hier der Unterschied vor, dass sich ein Wolf freiwillig dem dominierenden Wolf unterwirft und nicht in diese Position gezwungen wird. Ihr Hund wird den Alpha-Wurf nie mit seinen Vorfahren verknüpfen – er lernt lediglich, dass sein eigener Besitzer, welcher eine Vertrauensperson sein sollte, in ihm Todesangst verursacht.

Verhaltensprobleme, die auf Angst beruhen, können nur durch Veränderung der Gefühle gegenüber dem Auslöser verändert werden. Veraltete und widerlegte Mythen wie der Dominanzglaube helfen Ihrem Hund und Ihnen nicht, einen entspannten Alltag zu erleben. Deswegen sollten Sie unter allen Umständen den Glauben an die Dominanz verwerfen und auf solche Trainingsmethoden im Umgang mit Ihrem traumatisierten Hund verzichten.

Zehn Dinge, die Sie im Umgang mit Ihrem ängstlichen Hund vermeiden sollten

1. Sie sollten Ihren Hund nie in eine Situation zwingen, in welcher er Angst bekommt. Wenn Sie Ihren Hund zwingen, etwas zu machen, wovor er panische Angst hat, kann dies Ihre Beziehung und Ihr Vertrauen für immer zerstören. Der Umgang und das Training mit Ihrem Hund sollten auf Freiwilligkeit beruhen.

2. Vermeiden Sie das Ziehen und Zerren an der Leine. Dies kann negative Emotionen bei Ihrem Hund auslösen.

3. Machen Sie keine langen Spaziergänge, vor allem nicht in reizüberfluteten Gebieten. Gehen Sie dort spazieren, wo nicht viel los ist. Vermeiden Sie volle Städte oder überlaufene Orte.

4. Sie sollten Ihren Hund nicht sofort frei laufen lassen oder nur am Halsband führen. Die Gefahr besteht, dass sich Ihr Hund vor einem Reiz erschreckt und flieht. Er könnte auch aus dem Halsband schlüpfen und wegrennen. Ein verängstigter Hund ist voller Adrenalin und steht unter einem so hohen Stresspegel, dass er die Orientierung verliert und nicht nach Hause zurückfindet oder in seinem Wahn sogar auf eine Straße rennt.

Sichern Sie Ihren Hund über ein Sicherheitsgeschirr und nehmen Sie eine Schleppleine für den Freilauf.

5. Vermeiden Sie so viel Stress wie möglich und bauen Sie Distanz zu Auslösern auf.

6. Sie sollten Ihrem Hund unbedingt Freiraum geben und ihn nicht bedrängen oder körperlich einschränken.

7. Nehmen Sie Ihrem Hund nicht das Fressen weg, lassen Sie ihn währenddessen in Ruhe. Sie könnten sonst eine Ressourcenverteidigung herbeiführen.

8. Vermeiden Sie eine hohe Anzahl von Besuchern. Ängstliche Hunde fürchten sich meist vor fremden oder unbekannten Menschen und wissen nicht, wie sie damit umgehen sollen. Sagen Sie Ihrem Besuch, dass sie Ihren Hund nicht stören sollen. Setzen Sie sich für Ihren Hund ein, egal, welche Reaktionen oder Ratschläge Sie daraufhin hören. Ihr Hund wird merken, dass Sie die Situation im Griff haben und für ihn sprechen.

9. Ignorieren Sie Ihren Hund nicht, wenn er Angst hat. Das kann zum Verlust Ihres aufgebauten Vertrauens kommen und Ihrer Beziehung dauerhaft schaden.

10. Bestrafen Sie Ihren Hund nicht, wenn er unerwünschtes Verhalten zeigt. Hinter jedem unerwünschten Verhalten steht eine Emotion, welche das Verhalten lenkt. Verzichten Sie auf Gewalt oder Ungeduld im Umgang mit Ihrem Hund. Loben Sie stattdessen gutes Verhalten und arbeiten Sie sich in kleinen Schritten zum Erfolg.

DAS SOLLTEN SIE FÖRDERN

Da Sie nun lernen durften, was Sie im Umgang mit Ihrem Hund vermeiden sollten, können Sie nun mit der Förderung und dem Training Ihres Hundes starten. Sie werden erfahren, wie Sie Ihren Alltag mit Ihrem ängstlichen Hund leichter machen können, was die Grundvoraussetzungen für eine gute Angsttherapie sind und wie Sie Ihren Hund richtig behandeln und in seiner Angst unterstützen können, damit er zukünftig mutiger durch das Leben gehen kann. Bedenken Sie jedoch, dass es lange dauern kann, bis die Angst Ihres Hundes besser wird – eine gute Angsttherapie muss schließlich auch lange dauern. Ein Mensch kann ein erlebtes Trauma auch nicht binnen sechs Wochen einfach überstehen und vergessen. Ihr Hund wird vielleicht nie ein „normaler" Hund werden, doch wenn Sie die folgenden Punkte im Umgang mit Ihrem Hund verstehen und fördern, stehen die Chancen gut, dass Ihr Hund viele seiner Ängste mit Ihnen gemeinsam überwinden kann.

Management, Vertrauen und Geduld

Damit sich Ihr Alltag verbessert, müssen Sie in erster Linie Management betreiben. Sie sollten, wenn möglich, allgemeinen Alltagsstress reduzieren und Situationen meiden, die Ihrem Hund Angst machen. Sie sollten Ihren Hund so selten wie möglich Reizen aussetzen, auf die Ihr Hund ängstlich reagiert. Warum? Weil sich unerwünschtes Verhalten mit jeder Wiederholung festigt. Außerdem müssen Sie Vertrauen zu Ihrem Hund aufbauen. Würden Sie einer Person vertrauen, die Sie bewusst in eine Situation zwingt, vor welcher Sie absolute Angst und Panik haben? Zeigen Sie Ihrem Hund, dass Sie seine Körpersprache lesen können und er auf Ihre Unterstützung zählen kann. Auch, wenn es oft schwer ist, Auslöser zu vermeiden, gibt es in den meisten Fällen immer eine Möglichkeit, dem Reiz auszuweichen, wenn man ihn früh bemerkt.

Kommt Ihnen ein anderer Hund entgegen, könnten Sie auf ein Feld oder in den Wald ausweichen. Ist dies nicht möglich, können Sie auch einfach umdrehen und so weit zurückgehen, bis Sie Distanz aufbauen können. Signale wie das Umorientierungssignal oder das Richtungswechselsignal können Ihnen in solchen Momenten helfen, die Situation zu leiten und zu bewerkstelligen.

Das Umorientierungssignal wird ähnlich wie ein Clicker aufgebaut. Sie geben das Signal, woraufhin etwas sehr Spannendes und Tolles für Ihren Hund passiert. Das kann ein gemeinsames Spiel sein, das Hinterherjagen eines Leckerlis oder Leberwurst aus der Tube. Ihr Hund muss dafür nichts machen. Das Signal soll in brenzligen Situationen die Aufmerksamkeit Ihres Hundes auf Sie lenken, damit Sie danach beispielsweise umdrehen und sich vom Angstauslöser entfernen können. Spricht ein fremder Mensch Ihren Hund an, was Ihrem Hund Angst macht, können Sie beispielsweise das Umorientierungssignal geben. Für das Richtungswechselsignal stellen Sie sich vor Ihren in Ihre Richtung sitzenden Hund. Gehen Sie nun an ihm vorbei. Dreht er um und kommt mit, belohnen Sie ihn. Später können Sie das Signalwort, zum Beispiel „Turn" oder „Drehen", hinzufügen. So lernt Ihr Hund, auf Signal die Richtung zu wechseln. Diese beiden Signale können eine große Unterstützung im Alltag sein, wenn sie gut und ausführlich aufgebaut wurden. Durch dieses Management können Sie viele Situationen meiden.

Wichtig ist, dass Sie immer Ihre Ohren und Augen offenhalten. Dennoch kann es immer passieren, dass es doch zu einer Angstreaktion Ihres Hundes kommt. Fällt die Reaktion leicht aus, können Sie versuchen, Ihren Hund mit schmackhaften Leckereien abzulenken und aus der Situation herauszuholen. Falls Ihr Hund eine extreme Reaktion zeigt, sollten Sie Ruhe vermitteln. Es hilft Ihrem Hund nicht, wenn Sie in der Situation auch noch hysterisch werden. Verlassen Sie so schnell wie möglich das Gebiet und kehren Sie nach Hause zurück. Nach einer Angstreaktion braucht der Körper Ihres Hundes sehr lange, um die Stresshormone abzubauen. Ihr Hund ist immer noch in Alarmbereitschaft und eine Fortsetzung des

Spaziergangs könnte einen weiteren, noch heftigeren Rückfall riskieren.

Wenn es darum geht, Ihren ängstlichen Hund zu trainieren, muss man im Großteil auch an sich selbst arbeiten. Es liegt in unserer menschlichen Natur, dass wir uns eher auf das Negative fokussieren und frustriert sind, wenn etwas nicht sofort funktioniert. Geduld ist aber leider das A und O im Umgang mit Ihrem ängstlichen Hund. Erinnern Sie sich daran, was Ihr Hund womöglich alles durchmachen musste. Ihr Hund zeigt das unerwünschte Verhalten nicht extra, um Sie zu ärgern. Es gibt immer einen Grund, warum sich Ihr Hund so verhält, wie er es tut. Es liegt an Ihnen, ruhig und geduldig zu bleiben und die Ursache des unerwünschten Verhaltens zu identifizieren.

Kam es zu einer Angstreaktion Ihres Hundes, überdenken Sie erst Ihre eigenen Handlungen, ändern Sie Ihren Trainingsplan oder gehen Sie ein paar Schritte im Training zurück. Manchmal sind wir Menschen sehr übereifrig und machen aufgrund eines Erfolgs zu viele Schritte auf einmal. Schnell fühlt sich Ihr Hund davon überfordert. Helfen Sie Ihrem Hund, anstatt wütend auf ihn zu sein. Wenn Sie geduldig und ruhig mit Ihrem

Hund umgehen, kommen Sie schneller zum Erfolg. Setzen Sie sich nicht zu hohe Ziele – dann haben Sie auch keine hohen Erwartungen. Die kleinen Erfolge sind meistens die größten Schritte zum Ziel.

Ruhe und Entspannung

„Die Fähigkeit, sich zu entspannen, ist eine der nützlichsten Fertigkeiten, die ein nervöser Hund erlernen kann." [5] Ängstliche Hunde brauchen viel Zeit, um das Erlebte zu verarbeiten. Sie sind draußen häufig extremem Stress ausgesetzt. Stellen Sie sich vor, dass Sie jedes Mal, wenn Sie vor die Tür gehen, Stress, Angst und Panik fühlen. Das raubt Energie und Konzentration, sodass Ihr Körper Schlaf braucht, um neue Kraft zu tanken und alles vernünftig verarbeiten zu können. Deswegen ist es von großer Bedeutung, dass Sie einen Ausgleich zwischen Training, Alltag und Ruhe für Ihren Hund finden. Sie sollten darauf achten, dass Ihr

---

[5] Wilde, Nicole: Der ängstliche Hund, Stress, Unsicherheiten und Angst wirkungsvoll begegnen, Nerdlen: KYNOS VERLAG, 2008, S.119

Hund tagsüber schlafen kann. Erwachsene Hunde benötigen etwa 15 bis 20 Stunden Schlaf und Entspannung am Tag.

Vermehrt hört man, dass ängstliche und traumatisierte Hunde sehr schlecht zur Ruhe kommen. Ritualisierte Abläufe und Erwartungssicherheit können Ihrem Hund helfen, besser zur Ruhe zu kommen. Mit einigen Übungen können Sie auch aktiv an Ruhe und Entspannung arbeiten. Ihr Hund sollte dafür einen Rückzugsort haben, wie zum Beispiel eine Hundebox oder ein Körbchen. Belohnen Sie Ihren Hund, wenn er sich dort hinlegt, und verstärken Sie ruhiges, entspanntes Verhalten. Sie sollten ihn allerdings nicht überschwänglich belohnen: Ein sanftes „Sehr gut" oder ein Leckerchen reicht vollkommen aus.

Eine weitere Variante, Ihren Hund im Alltag zu entspannen, ist die konditionierte Entspannung. Sie wissen bereits, was die klassische Konditionierung ist. Ihr Hund lernt in jeder Sekunde seines Lebens und verknüpft ständig andere Reize mit Gefühlen oder Handlungen. Sie können ein Signal so auch mit Entspannung verknüpfen. Fühlt sich Ihr Hund durch eine Massage, Streicheln oder Bürsten entspannt, können Sie vorher das Signalwort, beispielsweise „Easy", nennen, und daraufhin die entspannende Handlung durchführen. Wichtig ist, dass sich Ihr Hund wirklich in einem entspannten Zustand befindet. Wiederholen Sie diese Übung mehrere Male. Bald löst allein das Signal entspannte Emotionen bei Ihrem Hund aus. Falls sich Ihr Hund nicht anfassen lässt oder er sich nicht wohlfühlt, wenn Sie ihn streicheln oder massieren, dann können Sie das Wort auch einfach wiederholen, während Ihr Hund gerade sowieso entspannt im Körbchen liegt.

Zudem gibt es auch optische Signale, die Ihr Hund mit Entspannung verknüpft. Das kann ein Tuch, eine Decke oder auch akustische Signale wie das Radio oder klassische Musik sein. Olfaktorische Reize, zum Beispiel Lavendelöl, kann Ihr Hund auch mit Ruhe verbinden. Legen Sie dafür einfach ein Halstuch mit dem Duft neben Ihren entspannten Hund. Den Geruch wird er bald mit dem Entspannt-Sein verknüpfen, was unter anderem hilfreich sein kann, wenn Ihr Hund Trennungsangst hat. Das Entspannungssignal „Easy" können Sie in Situationen nutzen, wenn das Erregungslevel Ihres Hundes so hoch ist, dass er nicht mehr ansprechbar ist. Das Signal ist kein

Heilmittel, woraufhin Ihr Hund sich hinlegt und schläft, allerdings kann es in Ihrem Hund positive Emotionen auslösen, die ihn in der Erregungsskala ein paar Stufen herunterbringen, damit er wieder ansprechbar ist und Sie ein Alternativverhalten abfragen oder die Situation verlassen können. Das Entspannungssignal sollten Sie immer wieder neu aufladen, damit Ihr Hund das Signal nicht mit dem Angstauslöser zu verknüpfen anfängt.

Social Support

Es kann auch sein, dass Ihr Hund aktiv soziale Unterstützung bei Ihnen sucht. Leider hält sich immer noch der Mythos, dass Sie die Angst Ihres Hundes verstärken, wenn Sie ihm in seiner Angst Aufmerksamkeit geben und beistehen. Viele Hundebesitzer empfehlen sogar, den Hund komplett zu ignorieren und so zu tun, als würde gar nichts Schlimmes passieren, während der Hund wie ein Häufchen Elend auf dem Boden liegt.

Warum ist diese Einstellung problematisch? Social Support bedeutet, dass sich Bezugspersonen in ängstigenden Situationen Beistand leisten.

Dieses hochsoziale Verhalten kann man nicht nur bei uns Menschen beobachten, sondern auch bei anderen Tierarten. Wenn Ihr Hund bei Ihnen Schutz sucht und daraufhin auf Ignoranz seitens seiner Bindungsperson trifft, kann dies Ihrer Beziehung ernsthaft schaden. Im schlimmsten Fall kommt es sogar zu einem Vertrauensverlust. Es ist unterdessen widerlegt, dass sozialer Kontakt wie Aufmerksamkeit, Körperkontakt oder Leckerchen die Angst Ihres Hundes verstärkt. Eine positive Emotion kann eine negative Emotion nicht verstärken. Außerdem kommt es bei Körperkontakt zu einer Ausschüttung von Oxytocin, was die Reduktion des Stresshormons Cortisol bewirkt.

Social Support bedeutet nicht, dass Sie Ihren Hund nun packen und streicheln sollten, wenn er Angst hat. Viele Hunde mögen es auch nicht, wenn sie während einer Angst-auslösenden Situation angefasst werden. Das könnte zu noch mehr Stress führen und Ihrem Hund negative Gefühle geben. Falls es Ihrem Hund hilft und er sich vielleicht sogar eng an Ihren Körper drückt und Schutz sucht, sollten Sie ihm die Sicherheit auch geben. Zudem ist es wichtig, dass Sie selbst gelassen bleiben, wenn Ihr Hund auf einen

Angstauslöser trifft. Geraten Sie selbst schon in Panik, kann sich diese Stimmung auf Ihren Hund übertragen.

Desensibilisierung

Desensibilisierung ist eine Angsttherapie, bei der Sie Ihren Hund einem Auslöser auf breiter Distanz aussetzen. Ihr Hund sollte dabei keine Angstreaktion zeigen. Sie gewöhnen Ihren Hund somit an die Gegenwart des Angstauslösers auf weite Entfernung. Arbeiten Sie in kleinen Schritten, gewöhnt sich Ihr Hund im Lauf der Zeit an den Auslöser und Sie können die Distanz langsam verringern. Desensibilisierung hilft Ihrem Hund, auf eine nette Art und Weise seine Ängste zu überwinden. Desensibilisierung ist somit das Gegenteil von Flooding – was Sie auf jeden Fall vermeiden sollten.

Kennen Sie die Körpersprache Ihres Hundes, werden Sie schnell merken, ab welcher Distanz sich Ihr Hund wohlfühlt und wann Sie einen Schritt nach vorn gehen können. Während der Desensibilisierung sollten Sie auf bestimmte Faktoren achten. Vorerst sollten Sie, wie bereits erwähnt, die Entfernung abschätzen, auf der Ihr Hund einigermaßen ruhig auf den Auslöser reagiert. Ein weiterer Faktor ist der Winkel, auf dem Sie sich dem Auslöser annähern. Vielen Hunden schafft es Erleichterung, wenn Sie einen Bogen um den Auslöser laufen, anstatt frontal auf ihn zuzusteuern. Ihr Hund wird es wahrscheinlich als Bedrohung wahrnehmen, wenn sich ein Mensch über ihn beugt, um ihn zu streicheln. Sagen Sie der Person, dass sich Ihr Hund wohler fühlen wird, wenn sie sich auf den Boden hockt und Ihren Hund zu sich kommen lässt.

Außerdem spielt die Geschwindigkeit des Reizes eine große Rolle. Ein Hund, welcher langsam an Ihnen vorbeigeht, ist für Ihren Hund erträglicher als ein rennender Hund. Auch Ihre eigene Geschwindigkeit hat Einfluss auf das Wohlbefinden Ihres Hundes. Vermitteln Sie Ihrem Hund Ruhe und gehen Sie in einem normalen, langsamen Tempo an Reizen vorbei. Werden Sie schneller, da Sie Angst haben, dass Ihr Hund auf den Auslöser reagiert, bemerkt Ihr Hund Ihre Unruhe. Zuletzt ist die Eigenschaft des Angstauslösers von Bedeutung: Steigern Sie die Schwierigkeit langsam. Üben Sie zunächst in Anwesenheit eines

Auslösers, der sich nicht dynamisch verhält. Hat Ihr Hund Angst vor schreienden Kindern? Dann trainieren Sie erst mal in Gegenwart von leisen Kindern.

All diese Faktoren haben eine Sache gemeinsam: Sie sollten in kleinen Schritten arbeiten und Ihren Hund nicht überfordern. Zeigen Sie Ihrem Hund Verständnis und Geduld und vermitteln Sie ihm, dass Sie seine Bedürfnisse verstehen. Nur auf diesem Weg wird Ihr Hund lernen, Ihnen zu vertrauen, um den Mut in ängstlichen Situationen wiederaufzubauen.

Desensibilisierung findet Anwendung insbesondere auch bei Trennungsangst. Gerät Ihr Hund bereits in einen ängstlichen Zustand, wenn Sie nur nach dem Rucksack greifen, Ihre Jacke anziehen oder den Schlüssel in die Hand nehmen, sollten Sie diese Signale erst mal abbauen und desensibilisieren. Packen Sie Ihre Sachen in den Rucksack und setzen Sie sich danach hin. Greifen Sie mehrmals am Tag nach dem Schlüssel und ziehen Sie Ihre Schuhe an, ohne hinauszugehen. Ihr Hund soll lernen, dass diese Signale keine Bedeutung mehr haben und kein Anlass sind, bereits panisch zu reagieren. Verhält sich Ihr Hund ruhig, sobald Sie

Ihre Tasche packen oder Ihren Schlüssel nehmen, kann man in kleinen Schritten den Weg zur Tür, das Öffnen der Tür und letztendlich das Hinausgehen trainieren.

Gegenkonditionierung

Die letzte Technik für die Bewältigung der Ängste Ihres Hundes, die in diesem Buch erklärt wird, stellt die Gegenkonditionierung dar. Bei einer Gegenkonditionierung wird eine Reiz-Reaktions-Verknüpfung durch langsame Schritte neu verknüpft. Man konditioniert einen Reiz, der zuvor negative Emotionen in Ihrem Hund ausgelöst hat, auf positive Emotionen. Hat Ihr Hund Angst vor einem Besen, weil er vorher vielleicht damit geschlagen oder misshandelt wurde, ändert man mit einer Gegenkonditionierung die Gefühle und Emotionen gegenüber dem Angstauslöser, damit Ihr Hund nach und nach eine positive Emotion mit dem Besen verknüpft und keine Angst mehr davor hat. Sie könnten Ihren Hund beispielsweise jedes Mal mit einem Leckerli belohnen, wenn er den Besen ruhig anschaut.

Im nächsten Schritt verringern Sie die Distanz in kleinen Schritten, bis Ihr Hund entspannt neben dem Besen sitzen kann. Wichtig ist, dass Sie während dieser Angsttherapie nicht negativ auf Ihren Hund einwirken und Ihren Hund nur belohnen, wenn er in Gegenwart des Auslösers ruhig ist. Sollte Ihr Hund angespannt oder ängstlich reagieren, haben Sie zu viele Schritte gemacht und Sie müssen die Distanz zum Reiz vergrößern. Sie sollten Ihren Hund niemals zu einem Angstauslöser locken. Ihr Hund könnte zwar das Futter nehmen, danach aber in Panik geraten und das Futter im schlimmsten Fall mit dem Angstauslöser verknüpfen. Wenn Sie in kleinen Schritten vorgehen, auf Distanz arbeiten, die Bedürfnisse Ihres Hundes beachten und unter der Angstschwelle Ihres Hundes trainieren, kann eine Gegenkonditionierung sehr schnell erfolgreich sein. Ein Beispiel für die Anwendung einer Gegenkonditionierung von Reizen ist „Click für Blick", dessen Vorgehensweise Sie im nächsten Kapitel lernen werden.

Click für Blick

Um diese Art der Gegenkonditionierung durchzuführen, benötigen Sie einen Clicker oder ein Markerwort. Das Geräusch vom Clicker oder Ihr ausgewähltes Markerwort, zum Beispiel „Yes", „Top" oder „Click", wird auf eine Belohnung konditioniert. Ihr Hund lernt somit, dass der Click oder Ihr Markerwort eine Bestätigung für sein Verhalten ist und eine Belohnung ankündigt. Nehmen Sie ungefähr 15 bis 20 Leckerchen und stellen Sie sich vor Ihren Hund. Clickern Sie oder sagen Sie Ihr Markerwort und geben Sie Ihrem Hund sofort ein Leckerchen. Ihr Hund muss dafür nichts tun, denn er soll nur lernen, dass der Click eine Belohnung bedeutet. Sie sollten den Clicker zunächst in ruhiger Umgebung, beispielsweise Zuhause oder im Garten, aufbauen. Nachdem Ihr Hund verstanden hat, dass der Click oder das Markerwort etwas Tolles ankündigt, können Sie nun auch die Belohnung variieren, die Ablenkungen steigern und den Ort wechseln. Sobald der Click freudige Erwartungen bei Ihrem Hund auslöst und er sich danach zu Ihnen orientiert, haben Sie den Clicker erfolgreich aufgebaut und können nun erwünschtes Verhalten bestätigen und mit Ihrem Hund besser kommunizieren.

Sie können das Markerwort jetzt vor allem in Situationen anwenden, in welchen Ihr Hund auf einen Angstauslöser trifft. Trainieren Sie nach dem Motto „Jeder Hund zeigt immer gutes Verhalten, bevor er unerwünschtes Verhalten zeigt." und markern Sie das Verhalten, was Ihr Hund toll macht. „Click für Blick" ist ein Training, dass Sie auf alle Reize anwenden können, um eine Gegenkonditionierung durchzuführen und ein Alternativverhalten aufzubauen. Der Sinn von „Click für Blick" ist zunächst, das ruhige Gucken zum Reiz zu belohnen. Erblickt Ihr Hund zum Beispiel einen anderen Hund, fangen Sie dieses Verhalten sofort mit einem sekundären Verstärker, einem Clicker oder einem Markerwort, ein. Sie belohnen das erwünschte Verhalten, in diesem Fall das ruhige Gucken zum Reiz. Ist der Clicker oder das Markerwort gut auf eine Belohnung konditioniert, wird Ihr Hund Sie daraufhin angucken und auf seine Belohnung warten. Doch hier steigen viele Hundebesitzer aus, da Ihr Hund draußen kein Futter nimmt.

Hunde sind biologisch so konzipiert, dass sie gern für Nahrung arbeiten. Wenn Ihr Hund keine Leckerlis annimmt, hat dies häufig einen Grund. Es kann zum Beispiel bedeuten, dass die Distanz zum Reiz zu gering ist und somit eine Emotion wie Angst, Frust oder Aufregung im Weg steht, die den Appetit Ihres Hundes hemmt. Ihr Hund ist zu gestresst, um nachhaltig lernen zu können. Haben Sie schon mal versucht, unter Angst, Frust oder Stress zu lernen? Sie müssen den Schwellenwert Ihres Hundes finden, bis wohin er fähig ist, den Angstauslöser ruhig zu beobachten und zu lernen, dass es sich lohnt, ruhig zu bleiben und mit Ihnen zu kooperieren. Mit der Zeit werden Sie merken, dass Sie die Distanz zum Reiz immer mehr verringern können.

Im zweiten Trainingsschritt wird das Markerwort weggelassen. Ihr Hund erblickt einen Angstauslöser und erwartet den Click oder das Markerwort von Ihnen. Wenn dieser nicht kommt, wird Ihr Hund Sie automatisch anschauen, denn er wird sich fragen, wo seine Belohnung für das Gucken bleibt. Dieser Moment, wenn sich Ihr Hund umorientiert und zu Ihnen schaut, wird nun belohnt. So werden die Angstauslöser Ihres Hundes mit der Zeit eine Situation, welche Ihr Hund positiv verknüpft. Angstauslöser wie andere Hunde oder Menschen bekommen nun eine andere Bedeutung für Ihren Hund: Seine zuvor gefestigte Verhaltenskette, wie zum Beispiel zu fixieren, zu bellen und in die Leine zu springen, wurde unterbrochen. Nun verknüpft Ihr Hund die Angstauslöser mit positiven Emotionen.

Neben „Click für Blick" können Sie mit dem Markerwort natürlich auch alle anderen Verhaltensweisen bestätigen, die Sie gut finden. Hat Ihr Hund zum Beispiel Angst vor Treppen, können Sie Ihren Hund Schritt für Schritt an die Treppe herantasten, positive Emotionen beim Anblick einer Treppe schaffen und ihm den Mut geben, sich der Treppe zu nähern. Hat Ihr Hund Angst davor, sich von Ihnen an den Ohren, Krallen oder Pfoten untersuchen zu lassen, können Sie diese Angst durch das Clickertraining auch mit derselben Vorgehensweise bewältigen. Bedenken Sie jedoch, dass Sie das Clickern nicht mit dem Locken verwechseln sollten. Beim Clickertraining werden freiwillige Verhaltensweisen belohnt.

Wie Sie sehen, sollten Sie im Training mit Ihrem ängstlichen Hund nicht auf das Markerwort verzichten. Es ist die Brücke zwischen Mensch und Hund und die Möglichkeit, auf einer tollen und freudigen Art und Weise mit unseren Hunden zu kommunizieren.

Wichtige Worte zum Schluss: Akzeptieren Sie Ihren Hund

Den richtigen Umgang mit Ihrem Hund zu finden, hört sich auf dem Papier oft leicht an, aber in der Realität sieht es meist anders aus. Wir sind schließlich auch nur Menschen und machen Fehler. Dass Sie sich jedoch mit der Theorie und Praxis dieser Thematik beschäftigen, zeigt, dass Sie sich mit den Ängsten Ihres Hundes auseinandersetzen und diese verstehen möchten. Sie sind bereits auf dem richtigen Weg. Genauso, wie unsere Hunde durch Wiederholungen lernen, müssen Sie als Hundebesitzer erst üben, wie Sie mit Ihrem Hund und seiner Angst umgehen. Rückschritte sind normal und es ist verständlich, wenn Sie manchmal der Verzweiflung nah stehen. Vertrauen und Bindung aufzubauen, braucht Zeit.

Sie werden wahrscheinlich nie erfahren, warum Ihr Hund so verängstigt und traumatisiert ist. Das spielt nun auch keine Rolle mehr, denn er ist in Ihrer Gegenwart sicher und gut aufgehoben. Im Endeffekt ist es genau das, was zählt. Genießen Sie die Zeit, die Ihnen mit Ihrem Hund geschenkt wurde. Das Wichtigste für einen besseren Alltag und die Bindung zu Ihrem Hund ist, dass Sie ihn so akzeptieren, wie er ist. Sie können Ihren Hund wahrscheinlich nie in einen vollständig angstfreien oder normalen Hund verwandeln. Je eher Sie Ihren Hund mit all seinen Facetten akzeptieren, desto angenehmer und harmonischer wird Ihr Miteinander und desto ruhiger gestaltet sich Ihr Alltag. Fokussieren Sie sich auf die Erfolge und genießen Sie die schönen Erlebnisse mit Ihrem Hund. Wenn Sie diese Momente fördern und stärken, wird auch Ihr Hund mutiger und selbstsicherer und lernt, Ihnen auch in ängstigenden Situationen zu vertrauen.

Literaturverzeichnis

- Autor unbekannt: Deprivationssyndrom (Hospitalismus) bei Hunden, https://auslandstierschutz.jimdo.com/infos-zu-den-tieren/angst-hunde/deprivation/, Stand: unbekannt (abgerufen am 21.09.2021)
- Gutmann, Monika: Clickertraining, Andere Wege in der Kommunikation mit Ihrem Hund, Schwarzenbek: Cadmos Verlag GmbH, 2010/2011
- Autor unbekannt: Sozialisierung: wie wird aus dem Welpen ein souveräner Hund?, https://www.tierfreund.de/sozialisierung/, Stand: unbekannt (abgerufen am 21.09.2021)

• Wilde, Nicole: Der ängstliche Hund, Stress, Unsicherheiten und Angst wirkungsvoll begegnen, Nerdlen: KYNOS VERLAG, 2008

• Frank, Rolf C., Grauss, Madeleine: Hab' keine Angst mein Hund, Ängste bei Hunden erkennen und abbauen, Brunsbek: Cadmos Verlag GmbH, 2008

• Rütter, Martin: Angst bei Hunden, Umgang mit ängstlichen und traumatisierten Hunden, Stuttgart: Franckh Komsos Verlag, 2018

• Autor unbekannt: Hund im Konflikt- mit diesen vier Optionen kann dein Hund auf Bedrohungen reagieren, https://www.haustiermagazin.com/hund-im-konflikt-vier-f/, Stand: 08.11.2018 (abgerufen am 21.09.2021)

• Greife, Leonie: Ist dein Hund ängstlich? Was die Gene damit zu tun haben, https://www.deine-tierwelt.de/magazin/ist-dein-hund-aengstlich-was-die-gene-damit-zu-tun-haben/, Stand: 08.11.2020 (abgerufen am 21.09.2021)

• Salonen, Milla, Sulkama, Sini, Mikkola, Salla, Puurunen, Jenni, Hakanen, Emma, Tiira, Katriina, Araujo, César, Lohi, Hannes: Prevalence, Comorbodity, and breed differences in canine anxiety in 13,799 Finnish pet dogs, https://www.nature.com/articles/s41598-020-59837-z, Stand: 05.03.2020 (abgerufen am 21.09.2021)

• Hess, Carolin: Social Support: Warum Sie für Ihren Hund da sein sollten, wann er Angst hat und was es dabei zu beachten gibt, https://www.easy-dogs.net/social-support/, Stand: 13.12.2019 (abgerufen am 21.09.2021)

• Hoffmann, Carolin: Der ängstliche Tierschutzhund aus dem Ausland, https://www.trainieren-statt-dominieren.de/blog/angst-unsicherheit/der-aengstliche-tierschutzhund-aus-dem-ausland, Stand: 27.11.2020 (abgerufen am 21.09.2021)

• Blaschke-Berthold, Dr. Ute: Die konditionierte Entspannung beim Hund: Aufbau, Anwendung im Alltag und Fehlerquellen im Training, https://www.easy-dogs.net/konditionierte-entspannung/ Stand: 20.11.2018 (abgerufen am 21.09.2021)

Herstellung und Verlag:
BoD – Books on Demand, Norderstedt
ISBN: 9783756208814

© Inga Dahlmann 2022
1. Auflage
Kontakt: Psiana eCom UG/ Berumer Str. 44/ 26844 Jemgum
Covergestaltung: Fenna Larsson
Coverfoto: depositphotos.com